JET D'EAU DANS LA RÉGION DE L'OUED-RIHR.

LA BOUCHE DU DÉSERT

I

Entre le port algérien de Philippeville, construit sur l'emplacement de l'antique Russicada, et Constantine, nid d'aigle bâti par les Arabes là où les puissants rois numides Masinissa et Jugurtha avaient jadis leur aire, court une grande voie suivie autrefois par les caravanes et la seule qui les menât au cœur de l'Afrique. Elle se dirige vers Batna, fondée en 1844, et arrive à mi-chemin de Constantine à Biskra. Là sur une hauteur de plus de mille mètres d'altitude, s'élève la forteresse dont le canon couvre les monts Aurès. De Batna la route gagne, par un pays de roches déchiquetées aux tons rougeâtres, une gorge que les Arabes appellent Foum-es-Sahara (la Bouche du Désert). Un vieux pont romain est resté jeté d'une paroi à l'autre de la passe. Par la brèche, on découvre dans toute sa magnificence un tableau qui arrache un cri de surprise et d'admiration; ce sont les palmiers d'El-Kantara, l'oasis la plus septentrionale de l'Afrique. Le spectacle est d'autant plus merveilleux qu'il apparaît, comme par un coup de baguette magique, inattendu, saisissant, enchanteur. Au milieu des dattiers, qui se comptent par dix mille, se trouvent disséminées ou suspendues sur des rochers les huttes en limon du village. Des orangers, des grenadiers, des figuiers, des amandiers, des lauriers, des myrtes augmentent la féerie de ce décor; des roses magnifiques y forment un jardin ravissant. Tel un paradis terrestre.

Au temps des Romains la passe étroite, que l'on franchit un peu plus loin se nommait le « Soulier d'Hercule ». C'était une position stratégique des plus importantes. Les ruines que l'on y voit encore attestent le prix qu'on y attachait. On arrive ensuite à El-Outaja, où il y a également des vestiges de constructions romaines. Une petite bourgade dévastée y témoigne des insurrections réprimées par le fer et le feu. Les ornières s'allongent à travers la plaine de cailloux. A quelques kilomètres de cet endroit, au col de Sfa, on a la vue du désert, semblable à une mer, quand, à l'approche du soir, le soleil rase de ses rayons cette immense étendue. Aussi loin que le regard peut porter, une surface plane, nue, d'un gris clair uniforme, se confond avec la ligne circulaire de l'horizon. On marche dans cette solitude sous l'impression de l'infini. A la fin on atteint Biskra, la Zaba des Romains. C'est le dernier avant-poste de la civilisation sur les confins du Sahara et la principale des oasis de l'Ez-Ziban.

La ville, cachée à demi sous la végétation verdoyante, repose dans un bouquet de bananiers. Les rues tirées au cordeau sont bordées de hautes maisons. Partout des avenues de cyprès, des plantations de palmiers donnent un ombrage touffu. Là où n'existait jadis que le sol aride, quelques années ont suffi pour créer, comme en une féerie, un parc splendide qui, aux heures tièdes de la journée, se remplit de promeneurs : Arabes et Kabyles, Touaregs et nomades, métis de tout croisement, cheiks à la démarche majestueuse, chasseurs d'Afrique, colons, enfants biskris, vifs et agiles, nailettes, filles des nomades de l'Ouled-Naïl, qui toutes vont et viennent, le visage découvert, les cheveux dénoués flottant sur leur cou aux tons de bronze, et pittoresques en leurs costumes voyants richement ornés.

Centre du Sahara algérien, Biskra étend sa protection militaire sur tout le pays au sud, au sud-ouest, au sud-est. De ce dernier côté se développe la région des Chotts, Melghir, Merouan. La caravane, en quittant l'oasis, descend au midi, soit vers l'Ouled-Serel, où elle rencontre El-Oued; soit vers l'Ouled-Rihr, où elle atteindra Touggourt après avoir fait halte à Kel-Ambra, à Maser, à Si-Amras, à Si-Rached.

Touggourt, avec ses murailles crénelées et bastionnées, ses maisons crépies d'ocre jaune, sans étages, délabrées, lézardées; ses terrasses, où, au coucher du soleil, les femmes se réunissent pour écouter les nouvelles ou les répéter; sa population active, presque toute employée, indigènes, et colons, à la culture des dattiers, offre un aspect qui échappe à toute comparaison. C'est une ville et un douar, un de ces points de jonction des deux courants, celui de la vie européenne et celui de la vie africaine, avec une plus forte empreinte de ce dernier élément. Au delà de Touggourt, la région des Gour, l'Erg ou Areg, le grand désert, le Sahara mystérieux.

II

C'est le Sahara, qui, plus que toute autre partie de l'Afrique, a fait donner à celle-ci le nom sinistre de Continent noir. Tous les siècles, en effet, antérieurs au nôtre l'ont cru enveloppé de nuit et inaccessible. Le mystère pesait sur ces vastes étendues que les cartes désignaient par une place vide. Il semblait qu'un voile pareil à celui dont ses habitants couvrent leur visage dût cacher à jamais, aux regards des Européens, ces régions où aucun d'eux n'avait pénétré. Les voyageurs modernes ont eu plus d'audace. Joignant le mépris de la fatigue et des dangers à la fermeté de la résolution, ils se sont hardiment imposé la tâche de faire la traversée de ces solitudes redoutables, et ils l'ont accomplie. Toutefois, pendant longtemps, en dépit de leurs efforts et des résultats acquis, la science a refusé de s'affranchir des croyances vieilles et naïves sur lesquelles elle s'appuyait. De tous ces préjugés scientifiques, le plus tenace a été celui qui ne voyait dans le Sahara qu'une plaine de sable, un ancien fond de mer desséché, situé sur une longueur de 2,000 kilomètres au-dessous du niveau de l'Océan. Cette erreur n'a été abandonnée qu'il y a cinq ans, en 1893, après la preuve fournie par M. Henri Schirmer de la fausseté de l'opinion traditionnelle.

Grâce à cette démonstration décisive, nous savons aujourd'hui que le Sahara n'est pas une alluvion abandonnée par les flots, mais une formation de structure variée, ayant ses granits, ses grès, ses cailloux crétacés, ses calcaires éocènes, ses terrains volcaniques, et ne différant point, géologiquement, des autres parties du globe.

Deux questions importantes se trouvent ainsi résolues. En premier lieu, l'uniformité supposée du relief saharien n'existe pas; des contrastes marquants le caractérisent au contraire : puissante élévation du sol en larges bassins, plateaux, rochers et sables en apparence sans fin, montagnes et vallées, sites d'une végétation luxuriante et endroits désolés où rien ne pousse. En second lieu, le domaine du Sahara ne correspond point aux limites généralement admises.

En réalité, près de la moitié du Maroc lui appartient ainsi que toute l'Algérie au sud de l'Atlas, une grande partie de la Tunisie. Dans la Tripolitaine il s'avance jusque près de la Méditerranée et la moitié de l'Égypte occidentale avec l'oasis lybienne sont à lui. Au sud, il entre dans le Darfour, le Ouadaï, et ses frontières naturelles avec le Bornou, le Haoussa, le Soudan français sont encore indéterminées. Il a été, à vrai dire, amoindri considérablement comme territoire par la conquête, mais celle-ci est loin de l'avoir absorbé dans son orbite.

Aussi la physionomie générale du Sahara n'a-t-elle pas changé quoique certaines de ses tribus aient perdu leur indépendance et leurs possessions. « Une modification radicale des habitudes d'un peuple, dit avec raison M. le comte Goblet d'Alviella, ne s'impose pas brusquement par la pression extérieure d'une civilisation plus avancée. » L'Algérie elle-même, malgré ses cinquante ans d'occupation depuis Abd-el-Kader, nous oblige toujours à veiller à notre autorité, qu'un événement peut compromettre.

A plus forte raison, les populations sahariennes de l'Oued-Rihr et de l'Oued-Serf, rattachées plus récemment à notre domination algérienne, doivent-elles être l'objet de notre attention vigilante. Elles sont encore sous bien des rapports, pour nous ce qu'étaient pour les Romains sous les Césars ces annexions lointaines de la province byzacène, où l'on avait sans cesse à craindre quelque soulèvement. Il y a dans plus d'une oasis un Bou-Zian, un Mohammed-ben-Abdallah prêt à prêcher la guerre sainte, et qui ne se laisserait détourner de l'insurrection et des rêves d'autonomie ni par les souvenirs de Zaatcha ni par ceux d'Ouargla. On a pu dire que notre forteresse d'El-Goleah domine, comme une sentinelle avancée dans le désert, la route suivie par les caravanes : la paix n'est pas faite dans les cœurs.

Se fera-t-elle jamais? Ou la civilisation de l'Afrique ne sera-t-elle possible que par la disparition totale de la race indigène? M. Goblet d'Alviella, à qui nous empruntons le récit qu'on lira plus loin, croit à l'impossibilité de l'assimilation des Arabes par la civilisation occidentale et admet leur lente suppression parmi les races, surtout en ce qui concerne ceux qui ont accepté la domination européenne.

Cette opinion est évidemment pessimiste. Mais elle repose sur l'observation. Arabes et enfants du désert, tous gardent le rêve de la liberté qu'ils espèrent reconquérir un jour, grâce au prophète. Aucun n'a abdiqué son droit à l'espoir. Eugène Fromentin (1) raconte à ce sujet dans son beau volume : *Une année dans le Sahel*, une anecdote qui confirme ce fait resté vrai.

« Je me souviens, un soir, pendant un séjour que je fis à Blida, d'avoir rencontré près de la porte d'Alger un Arabe qui faisait ses dispositions pour passer la nuit. Il était vieux, fort misérable, mal couvert de haillons qui le cachaient à peine, harassé comme s'il eût fait une longue étape : il rôdait autour du rempart, évitant d'être vu par les sentinelles et cherchant parmi les cailloux de la route un petit coin pour s'y coucher. Dès qu'il m'aperçut, il se leva et me demanda comme une aumône la permission de rester là.

« — Tu ferais mieux d'entrer dans la ville, lui dis-je, et d'aller loger au Fondouk.

« Il me regarda sans répondre, prit son bâton, qu'il avait déjà posé par terre, renoua sa sacoche autour de ses reins et s'éloigna dans un silence farouche. Je le rappelai, mais en vain ; il refusait une hospitalité offerte dans nos murs et la pitié le faisait fuir.

« Ce que ces proscrits volontaires détestent en nous, — car ils nous détestent, — ce n'est donc pas notre administration, plus équitable que celle des Turcs ; notre religion, tolérante envers la leur ; ce n'est pas notre industrie, dont ils pourraient profiter ; notre commerce, qui leur offre des moyens d'échange ; ce n'est pas non plus l'autorité, car ils ont la longue habitude de la soumission, la force ne leur a jamais déplu et, comme les enfants, ils accepteraient l'obéissance, sauf à désobéir souvent. Ce qu'ils détestent, c'est notre voisinage, c'est-à-dire nous-mêmes ; ce sont nos allures, nos coutumes, notre caractère, notre génie. Ils redoutent jusqu'à nos bienfaits. Ne pouvant nous exterminer, ils nous subissent ; ne pouvant nous fuir, ils nous évitent. Leur principe, leur maxime, leur méthode est de se taire, de disparaître le plus possible et de se faire oublier.

« En attendant, cerné de toutes parts, rebelle à tout progrès, indifférent même aux destinées qu'on lui prépare et aussi libre néanmoins que peut l'être un peuple exproprié, sans commerce, presque sans industrie, il subsiste en vertu de son immobilité même et dans un état voisin de la ruine, sans qu'on puisse imaginer s'il désespère ou s'il attend.

Charles Simond.

(1) E. Fromentin : *Une année dans le Sahel*. — Paris. Plon.

RENCONTRE DE CHEFS TOUAREGS AVEC UNE MISSION FRANÇAISE.

LE SAHARA ALGÉRIEN (1)

I

LA VILLE D'EL-OUAD

Toute la division se mettait en marche vers l'oasis de Kouinin. La levée d'un camp dans le Sahara offre un des tableaux les plus mouvementés que puisse désirer un artiste. Il est difficile d'imaginer une mise en scène à la fois plus confuse et plus méthodique. En un clin d'œil les tentes sont abattues et ficelées; chacun boucle son sac ou harnache sa monture; les clairons se renvoient leurs notes aiguës; le bêlement des moutons et le hennissement des chevaux se mêlent aux protestations gutturales de plusieurs milliers de chameaux rebelles au chargement; le manteau rouge des spahis, qui passent ventre à terre pour porter

(1) Ces pages sont empruntées à l'ouvrage intitulé : *Sahara et Laponie*, par le comte Goblet d'Alviella. (Plon, Nourrit et Cie.)

un ordre, tranche sur le burnous blanc des chameliers, qui se prosternent en faisant leur prière matinale; çà et là, dans la plaine, quelques groupes se chauffent aux dernières flammes des brasiers qui pâlissent déjà sous les premiers reflets du jour. Enfin sonne le boute-selle. Les *goums* partent les premiers, pour éclairer la route. Un peu plus loin, s'avance le général en chef avec son fanion, son état-major et son escorte de spahis; puis, sur un front assez considérable, les régiments d'infanterie, parmi lesquels les *turcos* se distinguent à leurs traits basanés comme à leur allure martiale. Au centre viennent les cacolets de l'ambulance et les mules du train, avec deux petits canons de montagne. Quant à la cavalerie, elle marche sur les flancs, ainsi que les chameaux, dont les silhouettes protubérantes se dessinent tour à tour au sommet de chaque dune.

On conçoit avec quelle lenteur un corps d'armée doit s'avancer dans le désert de sable. Mais, si courtes qu'on fasse les étapes, elle n'en sont pas moins éreintantes pour le fantassin, surtout quand il reste chargé de son sac. On m'a rapporté que dans certaines marches forcées entre deux puits, sur la route de Mgarin au Souf, plusieurs compagnies avaient laissé momentanément en arrière les trois quarts de leur effectif. Cette fois, on ne comptait que sept kilomètres pour atteindre Kouinin; cependant nous mîmes plus de trois heures à les franchir. Kouinin compte un peu plus de trois cents maisons et de deux mille habitants. Bâtie sur une déclivité que borde un large plateau intercalé entre les massifs de dunes, cette bourgade est une des cités les plus pittoresques de l'Ouad-Souf. Ses habitations, couvertes d'innombrables dômes, sont étroitement pressées dans une enceinte de pierre, que coupent trois portes monumentales et que dominent plusieurs tourelles crénelées. Mais pour peu qu'on franchisse les remparts, le désenchantement est complet. L'intérieur nous sembla partout plus déchu et plus ruiné encore que les quartiers les plus misérables des bourgades précédentes. Nous ne restâmes qu'un jour à Kouinin, et le 28 nous franchîmes les cinq kilomètres qui nous séparaient d'El-Ouad.

El-Ouad (ou El-Wad) est le vrai chef-lieu du Souf. Elle représente actuellement en Algérie le dernier centre où débouchent encore les caravanes de Rhadamès, des Touaregs et du Soudan. Dans tout le Sahara, elle possède une grande réputation de richesse et de splendeur. Elle n'a pas moins de cinq cheiks, qui vinrent nous attendre à mi-chemin de Kouinin avec une partie de leurs clients, groupés sur un mamelon que couronnaient plusieurs étendards flottant au vent. Nous savions, en outre, que des statistiques officielles lui attribuaient une population de huit à dix mille âmes, ainsi qu'une longueur d'environ neuf kilomètres. Quelles ne furent donc pas notre surprise et notre déception quand, après avoir dépassé plusieurs hameaux, nous débouchâmes devant une agglomération absolument identique en aspect, sinon en étendue, aux bourgades antérieurement visitées par l'expédition! Les seuls édifices qui rompaient l'uniformité terne de ses masures et de ses ruelles étaient un minaret élancé et un *bordj* à deux étages, qui contrastaient un peu avec le délabrement de l'enceinte. On ne nous avait pas trompés en nous disant qu'El-Ouad était la ville la plus peuplée du Sahara; mais la majeure partie de sa population se compose de nomades, qui s'étaient empressés de décamper à notre approche. De plus, on étend le nom d'El-Ouad à toutes les agglomérations isolées qui s'échelonnent jusqu'au village d'El-Hamich, à neuf kilomètres dans la direction du sud; c'est probablement ainsi qu'on a pu y compter plus de mille maisons.

La ville possède deux marchés situés à l'angle nord-est, mais l'un hors des murs, en plein vent; l'autre à l'intérieur, sur une place que bordent de petites boutiques généralement tenues par des merciers tunisiens. La *Maison de commandement* destinée au caïd est un vrai fort, bâti au sud-est, sous la protection d'un mur crénelé et de deux solides bastions. Les jardins, qui sont extrêmement nombreux, renferment presque la moitié des palmiers recensés dans l'Ouad-Souf; du minaret élevé qui domine la zaouïa, leurs cratères de verdure, égrenés au milieu des dunes, rappellent bien l'image que Ptolémée eut le tort d'étendre à l'ensemble du Sahara : une peau de panthère bigarrée de noir et de jaune. On n'a pas encore trouvé à El-Ouad, non plus que dans le reste du Souf, la moindre trace de l'occupation romaine. Il résulte cependant des dernières découvertes archéologiques que les légions impériales s'avancèrent jusqu'à Rhadamès et même jusqu'au pays d'Aïr, vers les frontières du Soudan.

Les habitants d'El-Ouad devaient fournir quinze cents chameaux à la colonne; mais à nôtre arrivée il en manquait encore la moitié, par suite d'un malentendu plus ou moins volontaire. L'autorité déclara alors aux habitants qu'ils auraient à supporter l'entretien de la colonne jusqu'à complète livraison du chiffre requis, outre une forte amende par jour de retard. Cette perspective leur fit immédiatement envoyer des émissaires aux nomades, qui avaient emmené vers la frontière tunisienne la majeure partie des troupeaux. Mais soit que la distance fût trop considérable, soit que les nomades, se croyant en sûreté, restassent indifférents aux embarras de leurs compatriotes sédentaires, nous nous morfondîmes sept jours sous les murs d'El-Ouad sans voir arriver plus d'une centaine de chameaux.

Les distractions n'abondent pas dans la capitale du Souf. Parfois, il m'arrivait bien de m'avancer avec quelques officiers jusqu'aux jardins d'El-Hamich. Mais cette oasis était la seule qui fût à portée, et il fallait se trouver en nombre pour s'éloigner du camp. D'ailleurs, les promenades dans les dunes n'ont d'agrément ni à cheval ni à pied. Aussi une bonne partie de mes journées se passait-elle à flâner dans les rues ensablées de la ville. On sait que dans les cités arabes chaque profession est plus ou moins groupée dans un quartier spécial. A El-Ouad, ce sont les forgerons qui paraissent dominer. Je m'arrêtais quelquefois devant leurs petits ateliers à fleur de rue, pour admirer la patience et l'adresse avec lesquelles ils suppléent à l'insuffisance des outils. J'avais aussi l'habitude de visiter les boutiques des merciers tunisiens. On y trouve d'ordinaire des objets fort curieux, apportés par les caravanes du sud et de l'est, tels que haïks et tapis de Tunis, plumes et œufs d'autruches, armes et ustensiles des Touaregs, tissus et parfums du Soudan. Mais les derniers troubles semblent avoir momentanément détourné le courant commercial de ces parages. D'autre part, la crainte inspirée par la colonne poussait les marchands à cacher leurs objets les plus précieux, et principalement leurs engins militaires; ce fut seulement au bout du troisième jour qu'on vit apparaître sur le marché quelques armes des Touaregs. Inutile d'ajouter que, convoitées par la plupart des officiers, ces rares curiosités atteignirent bientôt des prix inabordables.

Après huit jours d'attente, il fut décidé qu'une colonne légère, sous les ordres du général de Gallifet, s'enfoncerait à marches forcées dans la direction du nord-est pour surprendre les nomades endormis dans une trompeuse sécurité sur les frontières de la Tunisie. J'aurais volontiers sollicité la faveur de suivre cette expédition. Mais mon excursion s'était déjà prolongée bien au delà du terme que je m'étais primitivement fixé. De plus, je désirais vivement ne pas regagner Biskra sans avoir pénétré à Touggourt, et je venais d'apprendre qu'un convoi de bagages allait se diriger sur l'Oued-Rhir. Ayant obtenu l'autorisation de me joindre à cette caravane, j'adressai donc les adieux les plus cordiaux aux officiers de la cavalerie, qui s'éloigna dans la matinée du 7 mars.

Je devais moi-même partir le lendemain. Mais, sur ces entrefaites, il s'éleva un ouragan qui faillit m'être fatal. Ma tente occupait un mamelon isolé dans le quartier de la cavalerie, entre la ville et le reste du camp. De cette hauteur, la vue planait, d'une part sur la cité, ses tours et ses dômes; de l'autre, sur l'ensemble du camp, qui s'était déployé à l'aise dans une *daya* de plusieurs kilomètres carrés. C'était un panorama des plus pittoresques, surtout vers le soir, quand le soleil, se fondant sur un horizon de pourpre, dorait de ses derniers rayons la flèche des minarets et la cime des palmiers endormis dans leurs cratères de sable. Le crépuscule s'épaissit rapidement sous ces latitudes, et bientôt les brasiers s'éparpillaient dans la plaine, tandis que les rangées de tentes se confondaient sur le profil assombri des dunes. Enfin les

ENTRÉE DE LA RUE VOUTÉE A TOUGGOURT.
(D'après une photographie.)

clairons du quartier général sonnaient la retraite, et ce signal, répercuté à quelques secondes d'intervalle par toutes les trompettes et tous les tambours de la colonne, se propageait de bataillon en bataillon, d'escadron en escadron, jusqu'aux limites les plus éloignées du camp. Puis les feux s'éteignaient tour à tour, et quand je m'attardais à respirer la première fraîcheur de la nuit près de de mon bivouac éteint, je voyais cette scène, naguère si bruyante et si animée, s'évanouir peu à peu comme les armées fantastiques que les héros d'Ossian découvraient dans les nuées du soir. Pour me rappeler à la réalité, il ne fallait rien moins que la course folle de quelque cheval en rupture de longe, le grognement lointain d'un chameau réveillé à l'improviste, le cri périodique des sentinelles disséminées aux avant-postes, parfois la voix sonore du muezzin, jetant sa prière du haut des minarets dans le profond silence de l'oasis.

Mais cet emplacement, s'il m'offrait un excellent observatoire, m'exposait d'autre part à recevoir de première main le choc de la tempête. On conçoit la difficulté de fixer dans les sables les pieux qui servent à assujettir les tentes. L'usage est de les enrouler dans un tampon de broussailles et de les recouvrir avec de grosses pierres. Toutefois cette précaution même peut devenir insuffisante, comme je ne tardai pas à en faire l'expérience. Vers deux ou trois heures du matin, alors que l'ouragan était à son apogée, il me sembla que les parois de la tente ballottaient d'une façon extraordinaire. Au moment où je me levais pour allumer une bougie, une des deux perches qui soutenaient le toit tomba lourdement sur le lit que je venais de quitter. En un clin d'œil, je me sentis empêtré, renversé, enseveli dans les replis de la toile. Après quelques vains efforts pour me dégager, je tentai d'appeler à l'aide. Mais le départ de la cavalerie avait fait le vide autour de ma tente, si bien que mes cris se perdirent dans la tourmente, et que je dus rester jusqu'au matin dans cette fâcheuse et ridicule position. J'en fus quitte pour quelques heures d'insomnie et un léger torticolis. Mais si je ne m'étais pas levé juste à temps, une minute plus tôt j'aurais été probablement blessé par la perche, et une minute plus tard, peut-être brûlé vif par la chute de la toile sur la bougie, ou de la bougie sur les broussailles de ma couche.

Le vent s'apaisa dans la soirée du 8, et le lendemain je quittai le camp de grand matin, avec une vingtaine de chameaux et quelques cavaliers d'escorte. Plus heureux qu'à mon départ de Biskra, j'eus cette fois pour compagnon de route un capitaine du génie qui s'en retournait en France. Il emmenait avec lui son brosseur, qui nous servit de cuisinier jusqu'à notre entrée dans le Tell.

II

D'EL-OUAD A TOUGGOURT

Deux routes conduisent d'El-Ouad à Touggourt : — l'une, par Mgarin, plus longue, mais plus facile ; — l'autre, dite route du

Sud, que la multiplicité des dunes non moins que la rareté de l'eau rendent extrêmement pénible aux caravanes et presque impraticable à une forte colonne. Les chefs de l'expédition avaient d'abord songé à s'en servir pour regagner Touggourt, et quand des rapports plus circonstanciés leur firent abandonner cet itinéraire, ils avaient déjà fait creuser aux étapes projetées des citernes qui favorisèrent considérablement notre propre passage.

Nous mîmes quatre jours pour atteindre l'Oued-Rhir. A peine eûmes-nous perdu de vue les jardins d'El-Ouad que nous nous enfonçâmes dans les dunes, pour n'en plus sortir avant les approches de Touggourt. Les arêtes de sable que nous avions à gravir se présentaient parfois tellement abruptes que nos chameliers devaient y tailler avec leurs bâtons un simulacre de chemin, pour décider leurs bêtes à franchir ces talus mouvants parfois inclinés de presque quarante degrés. Rien ne saurait rendre la lugubre monotonie de cette région désolée, avec son perpétuel horizon de dunes jaunâtres s'étendant en replis à la fois uniformes et irréguliers jusqu'aux limites mystérieuses du grand désert. A plusieurs reprises pourtant, nous eûmes à traverser des oueds sans eau, qui, avec leurs broussailles de *drinn* et de *retama*, semblaient un fleuve de verdure entre des berges abruptes et arides. Ces oueds, assez fréquents sur la route du Sud, figurent de longues bandes plates et déprimées, à bords nettement tranchés, d'une direction plus ou moins sinueuse, mais généralement orientée du nord au sud, sur une largeur qui atteint parfois un ou deux kilomètres (1). La végétation relativement luxuriante qu'on y remarque est due au voisinage de l'eau, qui se rencontre sur tout leur parcours, à quelques pieds de profondeur.

Nous avions l'habitude de nous mettre en route aux premiers indices de l'aube. Nos chameaux prenaient les devants pour ne s'arrêter qu'à l'étape du soir. Nous ne tardions pas à les dépasser avec nos mulets; mais bientôt ils nous rattrapaient à leur tour, la prudence autant que la pitié nous faisant accorder, toutes les heures, quelques instants de repos à nos pauvres montures. Vers la troisième de ces petites haltes, nous cherchions au milieu des dunes quelque bas-fond assez abrité du vent pour nous permettre de déjeuner sans trop assaisonner de sable notre modeste repas.

Le soleil était encore haut sur l'horizon quand nous arrivions à l'endroit où nous comptions passer la nuit. Une fois nos bêtes déchargées et leur soif assouvie, les mulets étaient solidement attachés au centre du campement, tandis que les chameaux étaient abandonnés à eux-mêmes parmi les dunes environnantes. Une partie de notre escorte dressait les tentes, pendant que le reste fourrageait aux alentours, pour trouver les broussailles nécessaires à

(1) Ces fleuves desséchés rappellent les oueds sans eau décrits par M. W. Palgrave dans son *Voyage en Arabie*.

l'entretien des feux. Souvent la nuit nous surprenait avant que le dîner fût prêt, si bien qu'une fois l'appétit satisfait nous étions heureux de nous jeter sur nos couches de *drinn*, pour bientôt nous endormir d'un profond sommeil, malgré le bruit des conversations échangées autour du bivouac arabe, pendant que les clartés vacillantes du brasier se projetaient sur les parois de nos tentes. Ainsi

DANSEUSE DE BISKRA PARÉE DE PIÈCES DE MONNAIE.

s'écoulaient nos journées, sans grande variété, sans graves préoccupations, mais aussi sans oisiveté, et partant sans ennui.

Le premier jour, nous campâmes à l'Oued-Tounsi, dont les abondantes broussailles attiraient parfois d'El-Ouad les pourvoyeurs de la colonne; le second, à l'Oued-Dsmerini, dont les puits, quoique récemment curés, ne nous donnèrent qu'une eau verdâtre et nauséabonde. Vers le milieu de la troisième journée, nous étions en vue de *Taïbet El-Gueblia*, le seul point habité que nous devions rencontrer sur cette route. Les jardins de cette oasis s'échelonnent en un grand croissant, qui s'ouvre dans la direction de l'orient. Au centre, s'élève la bourgade, dont les abords sont des plus pittoresques, surtout après trois jours de désert. Mais ici encore l'apparence n'a

FORAGE D'UN PUITS ARTÉSIEN DANS LA RÉGION DE L'OUED-RIHR.

rien de commun avec la réalité. Pour peu qu'on s'aventure à l'intérieur, on en revient complètement désenchanté. Les seuls objets dignes d'attirer l'attention sont peut-être les splendides rosaces naturelles des cristallisations gypseuses qu'on a encastrées dans les murs des habitations. A l'extrémité de la bourgade se trouve une petite zaouïa, où sont enterrés plusieurs enfants de Sidi-Mohammed El-Aïd, marabouts héréditaires morts en bas âge.

Si-Mamar nous avait fait, à notre insu, la gracieuseté d'expédier un courrier au marabout de Taïbet pour le prévenir de notre passage. A peine avions-nous déployé nos tentes sous les murs de la ville que nous vîmes arriver vers notre campement un petit cortège d'indigènes portant des corbeilles de dattes, des vases de lait, un immense plat de *kouskoussou* fumant, enfin une couple de poulets et une jeune gazelle vivante. En tête s'avançait, soutenu par ses deux fils, le marabout lui-même, vieillard tellement décrépit et desséché qu'il semblait avoir atteint les dernières limites de la vie humaine. Nous acceptâmes de grand cœur les offrandes de ces braves gens, sauf toutefois la petite gazelle, dont la gentillesse désarma notre appétit.

Taïbet El-Gueblia n'est pas comprise parmi les villes de l'Ouad-Souf. Cependant elle se trouve dans les mêmes conditions et présente absolument les mêmes caractères. Aussi, comme elle n'est qu'à une journée de Touggourt, offre-t-elle l'excursion la plus recommandable à quiconque, peintre ou touriste, voudrait se représenter le vrai désert de sable, avec le labyrinthe de ses dunes, les entonnoirs de ses oasis et la bizarre architecture de ses bourgades.

III

TOUGGOURT

Dès notre départ de Taïbet El-Gueblia, les dunes commencèrent à décroître en taille comme en nombre. Après avoir traversé une sorte de *chott* entièrement desséché, au fond uni comme la surface d'une table et tout parsemé d'efflorescences brillantes, nous escaladâmes un dernier rideau de collines sablonneuses, pour tomber tout à coup sur un tableau vraiment magique. C'étaient, au delà d'un lac marécageux, les quatre cent mille palmiers de Touggourt, formant sur le fond doré des sables une longue bande sombre de quinze à vingt kilomètres. Vers le centre de cette merveilleuse forêt s'ouvrait une clairière circulaire, d'où émergeaient les deux minarets de la ville encore invisible, tandis qu'à l'arrière-plan la corniche occidentale de l'Oued-Rhir tranchait par ses tons rougeâtres sur l'azur du ciel.

Nous descendîmes avec précaution les pentes glissantes de la berge, entre les témoins isolés de l'ancien plateau qui devait unir jadis les deux corniches de l'Oued-Rhir, et traversant les lagunes salées qui miroitaient sous un soleil tropical, nous pénétrâmes dans la ville par la porte de la kasbah. Des décombres et des ruines furent les premiers objets qui frappèrent notre vue. Nous pensions d'abord que c'étaient les traces des derniers troubles. Mais nous apprîmes bientôt qu'une compagnie du génie était restée à Touggourt pour démolir environ le quart de la ville et édifier sur cet emplacement un vaste quartier militaire analogue aux établissements de Biskra. L'autorité française comptait même y établir désormais une garnison permanente, ainsi qu'un bureau arabe. Mais reste à savoir si des Européens pourront longtemps résister aux influences léthifères de cette région pestilentielle. Les eaux croupissantes des marécages, qui contribuent si puissamment à la fécondité exceptionnelle de l'oasis, engendrent chaque été des fièvres pernicieuses qui chassent même les Arabes vers les régions plus salubres de l'Ouad-Souf. Seuls, les aborigènes semblent à l'épreuve de ces miasmes. Il est vrai que la race sédentaire de l'Oued-Rhir se rapproche fortement du type nègre par la couleur de sa peau, sinon par la configuration de ses traits, soit que les métis d'Arabes et de nègres puissent seuls se perpétuer sous un pareil climat; soit que la race sub-éthiopienne ou garamantique, jadis maîtresse de ces régions, s'y soit maintenue jusqu'à nos jours en raison même des obstacles opposés par l'insalubrité du sol à l'acclimatation des races blanche, arabe, berbère ou européenne.

On n'a trouvé jusqu'ici dans l'Oued-Rhir aucune trace de la domination romaine. D'après l'historien Ibn-Khaldoun, la colonisation de ce district remonte à l'invasion des Rhira, une de ces tribus zénatiennes qui formèrent le gros de l'invasion arabe. Il est toutefois probable que les oasis étaient déjà habitées par la race sédentaire qui constitue encore aujourd'hui le fond de leur population (1). Les conquérants, incapables de s'établir sous un pareil climat, se bornèrent sans doute à s'approprier le domaine éminent du sol, en laissant les aborigènes en possession de leurs cultures, moyennant une participation annuelle dans le produit des récoltes; c'est ce système de métayage, imposé par la force des choses, qui règle encore aujourd'hui, dans tout l'Oued-Rhir, les relations des nomades et des oasiens.

Vers le huitième siècle de l'hégire, l'adoption d'un Beni-Merin par le souverain de Touggourt porta au trône la dynastie des Ben-Djallab, qui se perpétua jusqu'à l'arrivée des Français. Ce fut en 1854 que ceux-ci pénétrèrent pour la première fois dans la capitale de l'Oued-Rhir. Ils lui laissèrent quelque temps une indépendance nominale sous la sultane Lalla-Aïchouch, célèbre par son énergie virile non moins que par ses prédilections pour le vin de palmier et les beaux spahis. Je me suis même laissé raconter que la France

(1) Khitab El-Adouani rapporte lui-même que les noms de Touggourt et de Temacin appartiennent à des langues *étrangères*. (Voir la traduction de M. Ch. Féraud, p. 69.)

utilisa à plusieurs reprises, dans l'intérêt de sa politique, les goûts bien connus de son auguste alliée. Quoi qu'il en soit, l'Oued-Rhir fut finalement réuni à l'Ouad-Souf et au district d'Ouargla pour former un grand commandement, dont on investit Ali-Bey, caïd des nomades Rouara. Ali-Bey étant mort il y a peu d'années, son

TOUGGOURT.

fils lui succéda. C'est celui-ci qui, en 1871, fut chassé de Touggourt par le chérif Bou-Choucha.

Quant au dernier descendant des Ben-Djallab, — le fils de la sultane Lalla-Aïchouch, — il remplit aujourd'hui les simples fonctions de cheih à Temacin, où je le rencontrai chez le grand marabout des Tidjani. C'est un homme jeune encore, d'un maintien modeste, sans ambition, comme aussi sans grande valeur personnelle.

La ville de Touggourt forme un cercle assez régulier. Son plus grand diamètre, représenté par la rue qui joint les deux portes

GORGE D'EL-KANTARA. — LA BOUCHE DU DÉSERT.

principales, offre une longueur d'environ quatre cents mètres. La plupart des maisons sont construites en argile durcie; cependant la kasbah, les mosquées et certaines habitations de familles riches sont bâties en moellons gypseux cimentés par du plâtre.

L'enceinte, qui mesure environ trois mètres de hauteur, est flanquée de tourelles espacées et garnie d'un large fossé boueux. Ce fossé n'est pas seulement un moyen de défense; il sert encore à arrêter l'envahissement des sables, qui, s'accumulant en talus sur le bord extérieur, y forment en quelque sorte un second mur d'enceinte. Trois portes donnent accès à la ville, qui est divisée, comme la plupart des cités mahométanes, en plusieurs quartiers, respectivement affectés aux juifs convertis, fort nombreux ici, aux nègres affranchis, aux étrangers, aux citadins, etc. Deux marchés concentrent tout le commerce de l'oasis. L'un, dit *Marché du matin*, est situé hors des murs; on y trouve surtout des provisions de ménage. L'autre, dit *Marché du soir*, occupe une large place carrée au centre de la ville. Tout alentour s'ouvrent les boutiques des savetiers, des forgerons, des merciers.

Sur la même place s'élève la grande mosquée *Djêma-Kebira*, assez remarquable par le luxe de son ornementation intérieure. Construite au commencement du siècle par un architecte tunisien, elle renferme des colonnes de marbre blanc qui ont été transportées de Tunis à dos de chameau. J'y remarquai une chaise de bois sculpté d'un travail assez curieux. A côté de cette mosquée s'élève un minaret d'où je pus admirablement saisir la topographie de la ville, de ses faubourgs et de ses jardins, jusqu'à l'oasis de Mgarin au nord et de Temacin au sud.

Mon compagnon de voyage s'était installé, au milieu des démolitions, dans le quartier de son régiment. Quant à moi, j'avais planté ma tente dans la cour de la kasbah, où siégeait actuellement le bureau arabe. Cette kasbah occupe un large segment de l'enceinte au sud de la ville. Ancien palais des sultans, elle donne une pauvre idée de leur richesse et de leur luxe. Ses murs, badigeonnés à la chaux, semblent prêts à tomber en ruine; les chambres sont petites et nues, les portes basses et étroites. Je n'y vis d'autre ornement qu'un symbole maçonnique, fabriqué avec des branches de palmier par quelque militaire de passage. Toutefois, les avantages stratégiques de cette citadelle sont assez considérables pour la localité. Son jardin renferme un puits intarissable, son enceinte communique directement avec l'extérieur de la ville, enfin ses murs sont assez solides pour tenir longtemps en échec une troupe même considérable d'assaillants indigènes. Pendant la dernière insurrection, la petite garnison qui s'y était réfugiée résista plusieurs jours aux assauts de toute la population, grossie par les gens de Bou-Choucha, et ce fut seulement pour s'être risquée en rase campagne qu'elle fut écrasée sous le nombre.

Le bureau arabe comptait un personnel assez nombreux de jeunes officiers, sous la direction du lieutenant Hauer, vieux soldat d'origine hongroise, dont la vie entière est un long roman. Ces messieurs se montrèrent pleins de prévenance à mon égard et, non contents de m'offrir l'hospitalité, tinrent à me faire les honneurs de leur résidence. Dès le soir de mon arrivée, ils me firent errer aux flambeaux dans la *Rue voûtée,* qui joue le rôle de promenade publique pendant la saison des chaleurs, quand le thermomètre atteint 50° centigrades à l'ombre! C'est un passage circulaire, que recouvre le premier étage des habitations latérales. Des troncs de palmiers, plantés à des distances irrégulières, contribuent à soutenir la voûte, et des bancs de maçonnerie, adossés aux façades des habitations, rétrécissent encore l'étroit passage. Avec ses couloirs transversaux, éclairés par de rares lampions, qu'éclipsait à chaque instant la lueur vacillante de nos torches, cette galerie déserte et silencieuse me reportait à mes promenades dans les catacombes de Rome et de Syracuse, sauf quand une ouverture, ménagée dans le plafond entre deux maisons voisines, laissait apercevoir un pan d'azur nocturne tout resplendissant d'étoiles.

Le lendemain, on me mena visiter l'intérieur de l'oasis. Je n'avais pas encore rencontré une pareille luxuriance de végétation. On y trouve en quelque sorte deux couches de produits simultanément superposés : au niveau du sol, des carrés de luzerne, de pastèques. de fèves, de choux, de carottes, et d'autres plantes encore qui réclament ici la fraîcheur et l'ombre de même que chez nous elles exigent la chaleur et la lumière; ensuite, à quelques mètres plus haut, les régimes en fleurs des palmiers qui, entrelaçant leurs gracieux panaches, étendaient sur l'oasis un toit de verdure presque partout impénétrable aux rayons du soleil.

C'est qu'ici le palmier trouve réunies au plus haut point ses conditions d'existence et de développement, « les pieds dans l'eau et la tête dans le feu, » comme dit un proverbe arabe. On a calculé que chaque arbre donne en moyenne douze kilogrammes de dattes par an. Les noyaux, écrasés et triturés, servent à nourrir les chèvres et même les chameaux. Avec la fibre, les indigènes tressent des cordes assez résistantes. Avec les palmes, ils fabriquent des nattes et des paniers. Enfin avec les troncs, ils étançonnent leurs terrasses et leurs puits. Lorsque le dattier se fait vieux, on le découronne pour en extraire une liqueur laiteuse, qui, fermentée, donne le *lagmi* ou vin de palmier, fort apprécié dans le pays. Cette opération ne laisse pas d'exiger une certaine dextérité, car il s'agit de s'élever le long du tronc pour perforer la cime, placer un roseau creux dans l'incision, recueillir la sève dans une jarre et descendre celle-ci avec une corde jusqu'à portée du sol.

Dans le jardin de la garnison, j'observai, outre des pistachiers, des figuiers et même des abricotiers d'assez belle venue, quelques touffes de rosiers et quelques plants de vignes. Mais leur apparence décolorée et rabougrie semblait montrer que si le Sahara est le royaume de la datte, ce n'est ni le pays du vin ni le pays des fleurs (1).

L'eau, qui surabonde à Touggourt, provient soit du grand *behar*, qui limite dans toute sa longueur la partie orientale de l'oasis; soit des puits qui arrosent les jardins de la ville et des villages avoisinants. On a beaucoup discuté sur l'origine comme sur l'allure des nappes artésiennes qui donnent la vie à l'Oued-Rhir. Aujourd'hui que les explorations géographiques ont éclairci l'orographie du Sahara, on attribue généralement ces nappes aux pluies qui s'engloutissent sur le pourtour du bassin saharien, dans les montagnes des Touaregs comme sur les chaînes de l'Atlas. Les eaux,

LA PRIÈRE AU DÉSERT.

arrivées à une certaine profondeur, sont arrêtées par des lits d'argile et forment alors des cours d'eau souterrains qui s'infiltrent naturellement vers les points les plus bas du bassin, en suivant les ondulations des couches imperméables. Tout l'Oued-Rhir est situé sur un de ces fleuves artésiens, — l'*Igharghar* de M. Henri Duveyrier, — qui paraît s'écouler vers certaines parties du chott Melrhir

(1) Le dattier a d'étranges caprices. Ainsi ses fruits se refusent à mûrir sous des latitudes bien méridionales, telles que la côte sud-ouest du Maroc et même les îles Canaries, ce vrai paradis terrestre des plantes et des fleurs. Peut-être soutiendra-t-on que la datte se déplaît au voisinage de la mer; mais alors comment expliquer la présence d'une véritable oasis, produisant des dattes de premier choix, à Elche, près d'Alicante, au voisinage de la Méditerranée, et presque au 39e degré de latitude nord?

situées au-dessous du niveau de la mer. Comme des eaux ainsi emprisonnées dans une sorte de conduit incliné tendent nécessai-

LA MER DE SABLE.

(D'après un croquis pris sur nature par le capitaine A. Fiévée.)

rement à remonter vers la surface, il suffit de la moindre communication naturelle ou artificielle entre les parties basses du pays et le lit souterrain du torrent pour que celui-ci s'épanche à l'air libre. Ainsi s'expliquent les *chriats*, sources naturelles qui sourdent généralement au sommet d'un mamelon conique, formé de sables rejetés par la nappe ascendante ; — les *behour*, lacs circulaires d'une grande profondeur, qu'on a voulu expliquer tour à tour par un éboulement d'anciens puits et par une explosion de gaz volcaniques ; — enfin les puits artésiens que les indigènes creusent depuis des temps immémoriaux à l'aide de procédés assez primitifs, et que les Français ont multipliés, avec leurs instruments perfectionnés, jusqu'à des profondeurs de soixante-dix-neuf mètres. Quelques-uns de ces sondages débitent presque quatre mille litres par minute : c'est six cents de plus que le puits artésien de Grenelle.

IV

UNE VISITE AU MONASTÈRE DE TEMACIN.

Je ne voulais pas quitter Touggourt sans avoir visité la zaouïa de Sidi-Mohammed El-Aïd, dans l'oasis de Temacin. Je sortis de la ville par la porte de la kasbah, dans la matinée du 14 mars, avec deux officiers du bureau arabe qui voulurent bien prendre part à mon excursion. Temacin n'est guère située qu'à douze kilomètres de Touggourt. On rapporte qu'autrefois elles se joignaient par une forêt continue de palmiers. Mais aujourd'hui, entre les deux oasis, on ne rencontre plus que des lacunes miroitantes, des chaînes de dunes et des monticules gypseux. On affirme même que chaque été des voyageurs s'en vont périr dans les solitudes inhospitalières qui bordent ce court trajet, soit qu'ils se laissent égarer par les mirages des terrains salins, soit qu'ils cèdent à des hallucinations provoquées par l'extrême chaleur.

L'entrée de l'oasis où Temacin se cache sous une ceinture de jardins est marquée par deux petites *koubbas* qui de loin ressemblent à des fortins avancés. Quant à la ville, étroitement pressée dans une enceinte rectangulaire, elle s'étage sur des coteaux en pente douce devant un large *behar* ovale, dont les eaux bleues et dormantes reflètent harmonieusement la puissante végétation des rives. Temacin a toujours été la rivale commerciale et politique de Touggourt. Aussi est-il probable que, seule de tout le Sahara, elle a considérablement gagné à la suite des derniers troubles. Actuellement Touggourt est à moitié démolie ; les contributions de guerre y ont achevé la ruine des habitants ; une partie de sa population a cherché à ses pénates des lieux plus prospères, et les caravanes ont désappris la route de ses marchés. De là un double courant d'émigration qui devait naturellement converger vers Temacin, située à une faible distance, respectée par les malheurs de la guerre et favorablement regardée par le vainqueur.

La zaouïa des Tidjani s'élève en pleine oasis, à deux kilomètres de la ville. Vue du dehors, c'est une véritable forteresse où de hauts bâtiments se groupent sous un dôme central à l'abri d'une double enceinte crénelée. Nous fûmes accueillis sur le seuil de la première enceinte par un frère de Sidi-Mohammed El-Aïd, que suivait une troupe nombreuse d'adeptes. Le grand marabout lui-même, prévenu de ma visite par une lettre de Si-Mamar, descendit jusqu'à la porte de ses appartements pour nous conduire dans la salle de réception, où nous attendait un *kaouas* bouillant, servi dans des tasses de Chine. Je lui fis aussitôt demander par un de mes compagnons la permission de visiter l'intérieur de la zaouïa, ce qu'il s'empressa de m'accorder, en désignant même un de ses frères pour nous servir de guide.

Lors de mon excursion à Guemar, j'ai eu l'occasion de comparer les zaouïas aux anciens monastères de la société chrétienne. A plus forte raison peut-on rapprocher les ordres religieux qui se développèrent dans notre moyen âge et les communautés qui fleurissent aujourd'hui dans tout le monde mahométan. Ces dernières sont des associations ayant le double but d'organiser l'assistance mutuelle sur le principe de la fraternité religieuse, et de maintenir dans la société arabe l'intégrité de la foi mahométane. Leurs ressources proviennent exclusivement de fondations pieuses et de dons volontaires, qui, s'il faut en croire les rapports officiels, dépassent dans certains districts le montant des impôts payés à l'État. Comme moyens d'action, elles ont l'organisation de certaines cérémonies religieuses, les prédications des marabouts, l'enseignement des *tolbas*, les pratiques de la bienfaisance, la distribution des amulettes, et même, au besoin, la fabrication des miracles. Aussi jouissent-elles, grâce à l'étendue de leurs ramifications, d'une influence énorme, qui s'est surtout développée depuis la conquête française (1).

Ce dernier phénomène s'explique aisément. On connaît les liens qui dans les pays mahométans unissent la société civile et la société religieuse. Privés de leur indépendance politique, les indigènes se sont avidement rejetés vers des associations qui devaient symboliser à leurs yeux la résistance de l'élément musulman contre la domination de l'infidèle. D'autre part, ces associations offrent aux mécontents, comme aux fanatiques, une arme d'autant plus puissante qu'elles sont constituées en sociétés secrètes sur le principe d'une obéissance absolue aux chefs suprêmes de l'ordre. Les *khouans* (frères) ont leur mot de passe, leurs signes de reconnaissance, une hiérarchie officielle qui s'étend du grand maître, ou calife, jusqu'aux agents subalternes (messagers, porte-bannières, gardiens, etc.); enfin des assemblées générales, où ils se réunissent soit pour se livrer à des pratiques fortement empreintes

(1) En 1859, un sous-préfet de Tlemcen, M. Charles Brosselard, évaluait le nombre de leurs adeptes à un cinquième de la population algérienne.

de mysticisme, soit pour recevoir les instructions secrètes du grand maître, soit pour procéder à des initiations de nouveaux membres.

Cette dernière cérémonie s'opère avec une certaine solennité. Le néophyte, introduit par deux parrains, est interrogé par le cheik d'après un formulaire traditionnel; on lui communiqne ensuite les mots sacrés, on le revêt de la ceinture symbolique, on le fait

CAVALIERS SAHARIENS.

asseoir sur un tapis où on lui offre un léger repas, enfin on lui délivre le diplôme qui constate sa réception dans l'ordre. A partir de cette heure, l'initié ne s'appartient plus; il devient l'esclave, la chose de l'ordre ou plutôt de ses supérieurs, *perinde ac cadaver* (l'expression figure au rituel des Rhammaniens), — « *comme est* « *un cadavre* entre les mains du laveur des morts, qui le tourne et « le retourne à son gré. » On conçoit que, le haschisch aidant, une pareille organisation puisse reproduire à toute heure les prodiges de fanatisme qui rendirent légendaires dans les premiers temps de la ferveur mahométane les noms du Vieux de la Montagne et de ses farouches sectaires. C'est probablement par le travail souterrain de ces associations que s'explique l'étrange fortune des derniers chérifs, comme Bou-Maza, Bou-Maghla, récemment

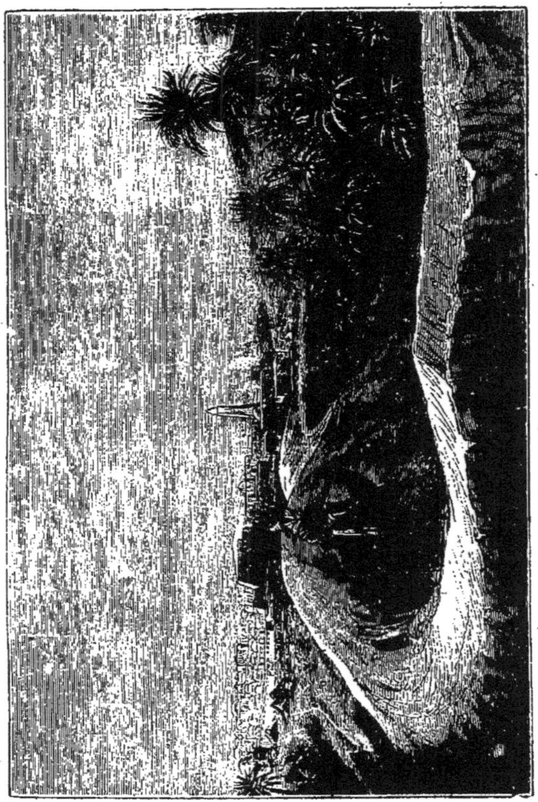

VUE D'EL-OUAD, DANS LE DÉSERT DE SABLE.

(D'après un croquis pris sur nature par le capitaine A. Fiévée.)

Bou-Choucha, obscurs imposteurs, inconnus de la veille et subitement placés à la tête d'une formidable insurrection. Toutefois, les confréries algériennes se contentent, en général, de prêcher la résistance passive aux envahissements de la domination française,

— politique habile, qui est parvenue jusqu'ici, bien mieux que les soulèvements, à déjouer tous les efforts de l'autorité coloniale pour entamer l'édifice religieux, économique et civil de la société indigène.

Seul, l'ordre des Tidjani s'est montré depuis la conquête un allié fidèle des Français. Ou a vu que même pendant la dernière insurrection, quand tout semblait abandonner la fortune de la France, Sidi-Mohammed El-Aïd avait fermé au chérif les portes de Temacin, pour les rouvrir six mois plus tard au général de Lacroix. Cette attitude ne laisse pas de surprendre chez un de ces ordres religieux qui doivent leur origine à une recrudescence du mahométisme. A en croire leurs détracteurs, les Tidjani auraient provisoirement associé leur fortune aux armes des chrétiens afin d'étendre leur propre influence, sous le couvert du drapeau français, aux dépens des associations religieuses qui combattent ouvertement la domination étrangère, — quittes, le jour où ils resteront seuls en possession du terrain, à réunir toutes leurs forces dans une suprême tentative contre l'infidèle. De pareilles arrière-pensées ne sont nullement impossibles, car, sous l'apparente unité de l'orthodoxie sunnite, il règne parmi les ordres religieux de l'islamisme les mêmes jalousies, les mêmes dissidences dont nous avons été témoins autrefois, dans l'Église catholique, entre jésuites et jansénistes, gallicans et ultramontains. Il faut cependant noter que le caractère distinctif des Tidjani, c'est réellement la tolérance de leurs doctrines. La devise de l'ordre : « *Le triomphe du droit par le droit,* » semble indiquer une réaction formelle contre les moyens de propagande qui ont prévalu jusqu'à présent parmi les sectateurs de Mahomet. M. Henry Duveyrier cite même, à l'éloge de Sidi-Mohammed El-Aïd, un fait presque incroyable pour quiconque connaît la défiance et l'exclusivisme religieux des mahométans. Quand le jeune explorateur traversa Temacin pour se rendre chez les Touaregs, le grand marabout des Tidjani lui conféra le titre de *khouan,* ainsi que le diplôme et le chapelet de l'ordre. M. Duveyrier ajoute qu'à partir de ce moment il fut reçu comme un véritable frère par tous les *khouans* disséminés dans le Sahara, et c'est grâce à leur appui qu'il put sortir sain et sauf de sa périlleuse entreprise.

En tout cas, si la politique des Tidjani est le résultat d'un calcul, le calcul a été heureux, car ils constituent certainement aujourd'hui l'ordre le plus puissant du Sahara, Il fallait voir, dans l'expédition de l'Ouad-Souf, chaque fois que Si-Mamar sortait de sa tente, avec quel empressement, quelle dévotion, oasiens, nomades, marchands, chameliers, cheiks, locaux, turcos, cavaliers des *goums*, et jusqu'aux ordonnances indigènes des officiers français, toute une foule enthousiaste se précipitait vers le représentant du grand marabout pour obtenir la faveur de toucher son haïk ou de baiser sa babouche! Bien que la fondation de l'ordre remonte à moins d'un siècle, les Tidjani comptent aujourd'hui des milliers d'adhérents par delà les limites de la domination française. Leurs zaouïas s'échelonnent du Nil à l'Atlantique et de la Méditerranée à Tombouctou. Lorsque, il y a quelques années, le grand marabout revint de son pèlerinage à la Mecque, il trouva sur tout son trajet — m'a raconté un témoin oculaire, M. l'ingénieur Jus — des rassemblements de quatre à cinq mille personnes qui accouraient de tout le pays à la ronde pour baiser les fers de sa mule et obtenir sa bénédiction à prix d'offrandes. Quand il rentra à Temacin, il était suivi par trois chameaux qui pliaient sous le poids de l'argent. M. Jus, qui creusait à cette époque les puits de l'oasis, s'étant alors présenté pour lui offrir ses félicitations, me dit avoir été accueilli par ce remarquable compliment : « Partout je n'ai « trouvé que la violence et le brigandage; il m'a fallu, pour voir « refleurir la justice, rentrer sur le territoire de la France. »

Les frères de Sidi-Mohammed El-Aïd habitent chacun un quartier spécial de la zaouïa. Ce sont des habitations extrêmement simples à l'extérieur. On dirait que les architectes arabes prennent partout à tâche de déguiser, sous la pauvreté des façades, la richesse des décorations, et même l'étendue des aménagements intérieurs. Chacune de ces demeures renfermait cependant de nombreux et somptueux logements pour les serviteurs, les disciples et les femmes des marabouts. Il va sans dire qu'on ne nous permit pas le plus léger coup d'œil sur les appartements privés de nos hôtes. Si toutefois il faut en croire la rumeur publique, les chefs des Tidjani posséderaient dans leurs harems les plus beaux échantillons féminins des diverses races qui occupent le Sahara, y compris plusieurs Européennes. Bien entendu un pareil bruit n'a rien d'injurieux au point de vue mahométan, car les marabouts, qu'il ne faut pas confondre avec les derviches, ne font pas plus vœu de chasteté que de pauvreté.

Quoi qu'il en soit, les salles de réception où l'on nous introduisit me parurent d'une richesse fort remarquable, mais un peu disparate. C'est surtout au logis de Si-Mamar que ce double caractère se révélait par une incroyable profusion de bric-à-brac. La porcelaine dominait dans tous les coins de l'appartement, depuis les tasses à thé apportées par les caravanes de la Chine jusqu'aux produits les plus grossiers de l'industrie européenne, — verres, coupes, plats, ustensiles de ménage de toute nature et de toutes dimensions, entassés sans ordre et sans choix, je dirais même sans goût, si je n'étais rendu plus modeste par le souvenir de certaines collections exotiques qui, amassées à grands frais dans nos propres boudoirs, feraient bien rire à leur tour nos prétendus barbares de Chine ou d'Arabie. Jamais, cependant, je crois n'avoir rencontré d'assemblage plus hétéroclite et plus risible. Des globes de cristal argenté, comme on en place dans nos jardins, servaient de couvercles à des soupières en faïence blanche; des assiettes de terre cuite déparaient des services de vieux sèvres; des coupes de cristal de Bohême fraternisaient avec des canettes de cabaret. Un peu plus loin, une horloge de campagne faisait face à une pendule de précision offerte par un général français. Enfin un vase que la décence m'interdit de nommer trônait gravement *sur* un fauteuil en velours d'Utrecht. Pour compléter ce bizarre ameublement, on nous montra dans une salle basse *un carrosse* à quatre

FEMMES ARABES EN PALANQUIN.

roues, offert au grand marabout par le bey de Tunis, qui avait dû expédier à dos de chameau les pièces démontées de cet incommode et inutile présent (1).

Nous terminâmes notre visite par un coup d'œil sur le sanctuaire de la mosquée qui sert de tombeau au père de Sidi-Mohammed El-Aïd. Ici encore, certains détails — par exemple, une rangée de fausses fenêtres grossièrement peintes sur les murs *intérieurs* — jurent avec les proportions élégantes comme avec l'ornementation somptueuse de l'édifice. Néanmoins, dans son ensemble, c'est certainement la mosquée la plus riche que j'aie rencontrée au Sahara.

(1) Il paraît toutefois que des fourgons militaires ont pu s'avancer jusque près de Touggourt en roulant sur les bas-fonds de l'Oued-Rhir.

La partie inférieure des murs est recouverte par une sorte de mosaïque en carreaux de faïence vernie. Au-dessus, brillent des

INTÉRIEUR D'OASIS. — LA RÉCOLTE DU LAGMI.

(D'après une photographie.)

sentences en lettres d'or que séparent des guirlandes de stuc fouillé en rosaces et en arabesques. Du dôme central, qui peut s'élever à une douzaine de mètres, un large lustre aux girandoles de cristal descend sur un sarcophage artistement grillé où repose, entouré par les bannières de l'ordre, le fondateur de Temacin. Il est probable qu'ici, comme à Guemar, on est d'autant plus impressionné par ce déploiement de luxe oriental, qu'on a eu constamment sous les yeux les dehors sordides des bourgades sahariennes.

Le soir, j'étais de retour à Touggourt, et le lendemain, je me remettais en route pour Biskra avec mon compagnon d'El-Ouad.

Les cinquante-deux lieues qui séparent Touggourt de Biskra se partagent d'ordinaire en huit ou neuf étapes. Toutefois, avec des bêtes peu chargées, on franchit aisément cette distance en quatre ou cinq jours. Un grand avantage de cette route, c'est que les voyageurs sont certains de trouver un puits, et même un gîte à la fin de chaque étape, — d'abord dans les *bordj*, sorte de caravansérails fortifiés, mais inhabités, qui s'échelonnent sur le petit désert de Morrân, ensuite dans les oasis de l'Oued-Rhir, qui se succèdent depuis Touggourt jusqu'à mi-chemin de Biskra.

L'Oued-Rhir est une longue et curieuse dépression qui s'avance du nord au sud, sur une faible largeur. L'horizontalité des terrains, tant au fond de cette vallée qu'aux deux côtés des berges, l'identité des roches sédimentaires qui forment le sol de la dépression et des plateaux avoisinants, enfin la présence de certains monticules isolés qui, parfois alignés comme les arches d'un pont disparu, figurent les derniers *témoins* d'un ancien plateau réunissant les deux corniches de ce vaste sillon naturel, tous ces indices prouvent surabondamment qu'on ne peut rattacher l'origine de l'Oued-Rhir à une crevasse de l'écorce terrestre, partiellement comblée au moyen d'une éruption ou d'un effondrement. C'est donc le résultat d'une puissante érosion, attribuable elle-même soit au passage séculaire d'un fleuve aujourd'hui desséché, soit même peut-être à la dénudation longtemps poursuivie sur le lit de la mer saharienne par un des courants qui la sillonnaient (1).

De Biskra à Touggourt c'est bien le désert, en ce sens que, hors des oasis, on n'y trouve aucun centre habité (2). Mais ce n'est pas

(1) « Il est démontré par la science et l'expérience qu'il existe sous le sol du Sahara une nappe d'eau souterraine qui parfois jaillit d'elle-même parce que les eaux tendent sans cesse à reprendre le niveau de leur point d'infiltration; c'est ce qui se produit quand la couche superficielle du sol ne se compose que de matières faciles à déplacer; il existe alors un puits artésien naturel, plus persistant que ceux qui sont creusés de main d'homme. On en rencontre beaucoup dans la plaine saharienne, qui ont été l'origine d'oasis prospères. De tout temps les Arabes ont voulu multiplier ces puits, mais l'exécution de ces travaux leur a été rendue difficile parce qu'ils n'avaient pas les moyens de combattre la mobilité des terres et la résistance de certaines couches profondes superposées à l'eau. » (Dr F. Quesnoy, *l'Algérie.*)

(2) Dans ce désert il n'y a pas de routes. Les directions que l'on suit sont tracées par des citernes, des puits, des davas (espaces où il y a des pistachiers

véritablement la solitude, car là même où l'on n'a en vue ni oasis ni caravane, il suffit de se baisser pour découvrir les traces de voyageurs récents et nombreux. Ici, au contraire, plus d'oasis, plus de caravanes, plus même d'empreintes sur le sol. Toujours des dunes à l'horizon, et rien que des dunes, — soit que, cheminant à travers les sinuosités de leurs dédales, on cherche machinalement une échappée vers des sites moins désolés, — soit que, gravissant une de leurs cimes, on promène le regard sur une perspective immense de sables accumulés et distribués comme les vagues d'une mer brusquement figée au fort de la tempête. C'est un panorama dont rien ne peut dépeindre l'austérité à la fois monotone et grandiose.

Biskra est le chef-lieu des Zibans (1), longue bande d'oasis échelonnées au pied des monts Aurès. Elle-même comprend sept villages, dont on voit les minarets s'élever par-dessus les palmiers autour de la ville européenne (2). Toutes ces oasis sont arrosées, soit au moyen de barrages placés en travers des torrents qui descendent de la montagne, soit, plus rarement, par des sources qui débitent un volume d'eau assez considérable.

Des avenues de cyprès mènent aux plantations de la principale de ces oasis. Des cultures européennes y forment des clairières au milieu des palmiers. Dans les rues, des réverbères sortent de bouquets de bananiers et les poteaux décharnés du télégraphe se détachent sur l'ombrage touffu des palmes. Le mercier arabe fait vis-à-vis à l'épicier européen, et le café maure s'adosse à l'hôtel français. Le son des tambourins qui retentissent dans un bouge indigène se heurte aux notes d'un piano qui s'échappent d'une fenêtre entr'ouverte, et dans les groupes, le haïk soyeux du cheikh à la démarche majestueuse côtoie les vêtements légers du colon ou l'uniforme sévère du chasseur d'Afrique.

Madère et Biskra sont assurément les deux points de notre hémisphère où la température varie le moins du jour à la nuit. Mais l'île de Madère possède en outre le rare privilège d'avoir à peu-près la même température en été qu'en hiver ; tandis qu'à

térébinthes et des jujubiers sauvages). Ces routes, une fois adoptées, sont suivies par tous les voyageurs isolés ou en caravanes.

(1) Dans le voisinage de Biskra les oasis sont assez nombreuses pour qu'on les ait groupées sous des dénominations différentes. Biskra est la plus grande des oasis. Elle en est comme la capitale.

(2) « Toute oasis se compose principalement de palmiers-dattiers qui semblent former une forêt continue ; mais en réalité ils sont plantés en ligne dans des jardins espacés par des murs en terre percés en amont d'un orifice par lequel la rigole d'irrigation pénètre dans le carré. Le dattier est l'arbre nourricier du désert : c'est là seulement qu'il mûrit ses fruits ; sans lui, le Sahara serait inhabitable et inhabité. Pour exprimer à quelles conditions il prospère, l'imagination des Sahariens exagère le vrai afin de le rendre plus palpable : Ce roi des oasis, disent-ils, doit plonger ses pieds dans l'eau et sa tête de feu dans le ciel. » (Charles MARTIN, *les Oasis de l'Oued Rihr.*) On comprend, dans ces conditions, la reconnaissance de l'Arabe pour l'arbre aux fruits sucrés, qui en réalité a peuplé le désert. Toute une civilisation repose sur lui.

Biskra la chaleur, fort supportable de novembre en avril, atteint pendant les mois d'été 40° centigrades le jour, 30 à 35° la nuit. Alors tout appétit disparaît, le sommeil se perd, et s'il vient à souffler un simoun de quelque durée, la mortalité se développe dans d'effrayantes proportions. Les malheureux Européens exilés sous ce ciel de feu en arrivent bientôt à envier l'intérieur même du Sahara, où du moins la fraîcheur relative de la nuit compense l'extrême ardeur du jour.

Comte Goblet d'Alviella.

SOUS LES MURS DE BISKRA.

www.ingramcontent.com/pod-product-compliance
Ingram Content Group UK Ltd.
Pitfield, Milton Keynes, MK11 3LW, UK
UKHW012125240726
13965UKWH00005B/1977

9 782013 076739